उदयन वाजपेयी

उदयन वाजपेयी का जन्म 4 जनवरी, 1960 को सागर, मध्य प्रदेश में हुआ।

उनकी प्रकाशित पुस्तकें हैं—'कुछ वाक्य', 'पागल गणितज्ञ की कविताएँ', 'केवल कुछ वाक्य', 'वह' (कविता-संग्रह); 'सुदेशना', 'दूर देश की गन्ध', 'सातवाँ बटन', 'घुड़सवार', 'रेत किनारे का घर' (कहानी-संग्रह); 'क़यास' (उपन्यास); 'चरखे पर बढ़त', 'जनगढ़ कलम', 'पतझर के पाँव की मेंहदी' (निबन्ध-संग्रह और यात्रा-वृत्तान्त), 'पेड़ और परछाईं' (बच्चों के लिए निबन्ध); 'दस्तकें' (संकलित रचनाएँ)। कई संवाद-पुस्तकें प्रकाशित जिनमें प्रमुख हैं—'अभेद आकाश' (फ़िल्मकार मणि कौल), 'मति, स्मृति और प्रज्ञा' (इतिहासकार धर्मपाल), 'उपन्यासकार का सफ़रनामा' (शम्सुर्रहमान फ़ारूक़ी), 'विचरण' (दार्शनिक नवज्योति सिंह), 'कवि का मार्ग' (कवि कमलेश), 'भव्यता का रंगकर्म' (रंगनिदेशक रतन थियाम), 'प्रवास और प्रवास' (उपन्यासकार कृष्ण बलदेव वैद), 'सिनेमा और संसार' (फ़िल्मकार कुमार शहानी), 'हिन्दी भाषा और संसार' (कवि अशोक वाजपेयी), 'अनूठा साहचर्य' (तिब्बती साधक रिनपोछे), 'बच्चों की समझ' (संज्ञान विशेषज्ञ के.बी. जिनन) से संवाद।

का.ना. पणिक्कर पर 'थियेटर ऑफ रस' और रतन थियाम पर 'थियेटर ऑफ ग्रेंजर'। कविताओं, कहानियों और निबन्धों के अनुवाद तमिल, बांग्ला, ओड़िया, मलयालम, मराठी, अंग्रेजी, फ्रांसीसी, स्वीडिश, पोलिश, इतालवी, बुल्गारियन, स्पहानी आदि भाषाओं में।

'मटमैली स्मृति में प्रशान्त समुद्र' (जापानी कवि शुन्तारो तानीकावा का अनुवाद), कुमार शहानी की फ़िल्म 'चार अध्यय' और 'विरह भर्यो घर-आँगन कोने में' का लेखन। का.ना. पणिक्कर की रंगमंडली 'सोपानम्' के लिए 'उत्तररामचरितम्', 'अभिज्ञानशाकुन्तलम्' की हिन्दी में पुनर्रचना, पणिक्कर के साथ कालिदास के तीनों नाटकों के आधार पर 'संगमणियम्' नाटक का लेखन। 'समास' पत्रिका का सम्पादन।

2000 में लेविनी, स्वीट्ज़रलैंड और 2002 से पेरिस, फ्रांस में 'राइटर इन रेसिडेन्स', 2011 में नान्त, फ्रांस में अध्येता के तौर पर आमंत्रित।

2003 में फ्रांस के राष्ट्रीय पुस्तकालय में भारतीय कवि की हैसियत से व्याख्यान। मुम्बई, दिल्ली, पेरिस, मॉस्को, जिनिवा, काठमांडू आदि स्थानों पर कला, साहित्य, सिनेमा, लोकतंत्र आदि विषयों पर व्याख्यान।

'रज़ा फाउण्डेशन', 'कृष्ण बलदेव वैद' और 'स्पन्दन कृति पुरस्कार' से सम्मानित। गांधी चिकित्सा महाविद्यालय, भोपाल में अध्यापन।

ई-मेल : udayanvajpeyi@gmail.ccm

खुली आँख
और अन्य कविताएँ

उदयन वाजपेयी

राजकमल पेपरबैक्स

राजकमल पेपरबैक्स में
पहला संस्करण : 2023

राजकमल पेपरबैक्स : उत्कृष्ट साहित्य के जनसुलभ संस्करण

राजकमल प्रकाशन प्रा. लि.
1-बी, नेताजी सुभाष मार्ग, दरियागंज
नई दिल्ली-110 002
द्वारा प्रकाशित

शाखाएँ : अशोक राजपथ, साइंस कॉलेज के सामने, पटना-800 006
पहली मंज़िल, दरबारी बिल्डिंग, महात्मा गांधी मार्ग, प्रयागराज-211 001
1, अनमोल सोराबजी संतुक लेन, धोबी तलाव, मरीन लाइंस, मुम्बई-400 002
वेबसाइट : www.rajkamalprakashan.com
ई-मेल : info@rajkamalprakashan.com

विकास कम्प्यूटर एंड प्रिंटर्स
ट्रॉनिका सिटी-201 102
द्वारा मुद्रित

मूल्य : ₹250

KHULI AANKH AUR ANYA KAVITAYEN
Poems by Udayan Vajpeyi

ISBN : 978-81-19835-39-3

रज्जन भैया की स्मृति में

क्रम

बाज़बहादुर की कविताएँ

हिदायत कविताएँ

स्वीकार

प्राक्कथन

इस संग्रह में कई वर्षों में लिखी गयी कविताएँ पास आ गयी हैं। मैं अपने तरह-तरह के कामों में इस तरह व्यस्त रहा आया कि कविताओं को संग्रहीत करना टलता चला गया। 'तरह-तरह के कामों' से मेरा आशय मेरा उपन्यास 'क़यास', मेरे निबन्ध, 'समास' पत्रिका का सम्पादन, बच्चों का साहित्य आदि है। मैं इन सब में इस तरह डूबा रहा कि कविताएँ लिखते रहने के बावजूद उन्हें एकत्र करने का ख़याल इतना मज़बूत नहीं हो पाया कि मैं वह कर पाता।

मुझे अपनी पहली कविता लगभग पूरी की पूरी सुनाई दी थी। वह कुछ ऐसा था मानो मैं किसी आवाज़ को सुनते हुए उसे काग़ज़ पर अंकित कर रहा होऊँ। यह सच है कि उस कविता में भी मेरे जीवन का कोई काँपता हुआ पहलू अवश्य था पर न तो उसे मैंने सचेत रूप से चुना था और न ही वह लय ही मेरी चुनी हुई थी जिसमें उस कविता ने अपने को ज़ाहिर किया था। ऐसा लिखकर मैं कोई रहस्यमय बात नहीं कर रहा। सिर्फ़ वह बता रहा हूँ जो मेरे ही नहीं कई कवियों, वैज्ञानिकों, गणितज्ञों आदि के साथ होता आया है। इस संघटना का विश्लेषण करना मेरी सामर्थ्य से बाहर है। लेकिन मैंने पिछले कुछ वर्षों में ऐसी ही किन्हीं घटनाओं को विश्लेषित करने के प्रयासों को पढ़ा है, वे सभी निष्फल प्रयास थे। पहली कविता के बाद से ही मैंने हमेशा यह कोशिश की कि तब तक एक पंक्ति भी न लिखूँ जब तक वह मुझे अपने-आप सुनाई न देने लगे। शायद इसी कारण मैं कविता के मुझ तक पहुँचने का इन्तज़ार करता रहता हूँ। ख़ुशकिस्मत रहा तो यह इन्तज़ार छोटा रहता है। अगर नहीं तो कई महीने बीत जाते हैं, कविता नहीं लिख पाता। यह इन्तज़ार कई बार बेचैन करने वाला भी हो जाता है। लेकिन ज़्यादातर यह इन्तज़ार सुखद ही होता है क्योंकि इस दौरान मुझे बहुत दूर से सही, अपने क़रीब कुछ आने की आहट सुनाई देती रहती है। कई बार वह कविता भी होती है पर मुझे हर बार वह कविता ही लगती है।

इस इन्तज़ार के दौरान मैं अक्सर गद्य लिखता हूँ। गद्य से मेरा आशय उपन्यास या कहानी या निबन्ध है। यह करते हुए मुझे कहीं दूर से अपनी ओर आती कविता की आहट कुछ अधिक साफ़ सुनाई देती है। इस दृष्टि से मेरे लिए मेरा अधिकांश गद्य कविता की आहट को पकड़ने का एक ऐसा उद्यम है जिसके प्रति मैं हमेशा ही कृतज्ञ रहता हूँ।

इस संग्रह के सात भाग हैं। पहले भाग में तीन प्रार्थनाएँ हैं। मुझे ख़ुद नहीं पता कि ये कविताएँ किसे सम्बोधित हैं। पर इतना पता है कि ये हैं प्रार्थनाएँ ही। दूसरे भाग 'कैसा वह शहर' में पिछले कुछ वर्षों में लिखी कविताएँ हैं जिनमें से अधिकांश में मेरे अपने और आसपास के संसार के स्पन्दन हैं। अगले भाग 'पितृ पक्ष' की कविताएँ पिता की ओर से लिखी कविताएँ हैं, ऐसा मेरा ख़याल है। 'कविताएँ 2009-2021' इस संग्रह की सबसे अलग तरह की कविताएँ हैं। ये मेरे क़रीब मन्त्रों की तरह आयी थीं। वे जैसी आयी थीं, वैसी ही काग़ज़ पर अंकित हो गयी हैं। ये वे कविताएँ हैं जिन्हें लिखकर मुझे अचरज हुआ था। सन् 2015 में मुझे मेरी पत्नी अल्पना की किडनी प्रत्यारोपित की गयी थी। किडनी के प्रत्यारोपण के बाद मुझे कई दिनों तक अस्पताल में ऐसे कमरे में रहना पड़ा जहाँ किसी भी परिचित या आत्मीय का प्रवेश निषिद्ध था। बड़ी-सी काँच की खिड़की के पार मुझे कुतुबमीनार के ऊपर से होकर जाते हवाई जहाज निरन्तर नज़र आते थे। उस कमरे में कई दिनों तक किताबों का प्रवेश भी निषिद्ध था। इस एकान्त बन्द कमरे में मुझे चारों ओर से घेरने कविता की आवाज़ आने लगी। संग्रह के छठे भाग में वही कविताएँ हैं : हिदायत कविताएँ। संग्रह के पूर्वान्तिम भाग में 'बाज़बहादुर की कविताएँ' हैं। राजा बाज़बहादुर ऐतिहासिक चरित्र है। बाज़बहादुर का नाम रानी रूपमति से जुड़ा हुआ है। रूपमति के बारे में यह ज्ञात है कि वे कविताएँ लिखती थीं। दरअसल वे गायिका थीं और सम्भवतः अपनी गायिकी के लिए बन्दिशें लिखा करती होंगी। बाज़बहादुर के कवि होने का कोई प्रमाण नहीं मिलता। कुछ दिनों तक संयोग से मुझे बाज़बहादुर कुछ कविताएँ सुनाते रहे। संग्रह के अन्तिम अध्याय में केवल एक कविता है 'आवाज़'। यह, जैसा कि इस भाग का शीर्षक भी है, आत्म स्वीकार की कविता है।

उदयन वाजपेयी

खुली आँख और अन्य कविताएँ

शान्त सरोवर में
डूबती चली गयी—
चील की परछाईं

प्रार्थनाएँ

जम जाने दो

जम जाने दो
अनिश्चय में डूबे
फ़ैसले के दिन को
उसके आने तक

खुलने दो
पंखुड़ियाँ
एक के बाद दूसरी
आते जा रहे समय की

खुलने दो
पंखुड़ियाँ...

ओ सरोवर

ओ सरोवर
निष्कम्प बनाये रखो
अपने जल को

कहीं चटक न जाए
वृक्ष की छाया की कोई डाल
तुम्हारी गहराइयों में
टूट कर गिर न पड़े
यह छाया-फल
लहर-लहर बिखर न जाए
यह असीम छाया-आकाश

ओ सरोवर
निष्कम्प बनाए रखो
अपने जल को

रोको

रोको
आशंका में डोलते
मन को
रोको

देखो
ध्यान से देखो
कैसे पड़ रही है
छाया कृपा की
एक-एक बूँद पर
कैसा निष्कम्प बना हुआ है
शेर के पंजों में फँस गये
हरिण के हृदय का
वह अन्तिम तार
कैसा निस्पन्द है
ख़ुद तुम्हारे हृदय का हृदय
आशंका के आलोड़न के बीच

थामो
अनागत के ज्वार में डूबते
मन को
थामो

भंगिमा के इन्तज़ार में
हवा में ठिठका
काँपता हाथ

कैसा वह शहर?

कविता

वह आपको अपने सारे काम कर लेने देती है। वह खड़ी रहती है, आपके ही दिमाग़ के किसी बोझिल कमरे में पसीने से नहाती हुई, बेचैन होती हुई मानो कोई अभिनेत्री किसी गड्ड-मड्ड नाटक में अपनी बारी आने का इन्तज़ार कर रही हो। आप दफ़्तर से लौट आते हैं, कई बार खेतों से या गाय-गोखुरी को चारा डालकर ओसारे में बैठते हैं या दुकान बन्द कर थके-हारे घर के दालान में जा लेटते हैं या दिनभर लोहा पीटते-पीटते निढाल होने के बाद बिस्तर पर पसर जाते हैं।

तब, हाँ, तब वह आप ही के दिमाग़ के बोझिल किसी कमरे से बाहर आती है, उसके चेहरे पर उस पसीने की एक बूँद तक नहीं होती जिसमें नहाती वह दिनभर खड़ी थी। वह आती है और धीरे-से आपके कानों पर दस्तक देती फुसफुसाती है, 'क्या मैं आऊँ?'

आप में से कुछ तब तक सो चुके होते हैं, कुछ उसकी महीन आवाज़ को सुनते ही नहीं, कुछ उसे डाँटकर वापस कर देते हैं, अपने दिमाग़ के उसी बोझिल कमरे में सड़ने के लिए, कुछ उसके आगे तरह-तरह की माँगें रख देते हैं और वह ख़ुद-ब-ख़ुद लौट जाती है इस लोक में भूले से भटक आयी आत्मा की तरह। केवल कुछ, बिल्कुल मुट्ठी भर कुछ उसकी फुसफुसाहट पर कान देते हैं और उसे वह बुदबुदाने से रोकते नहीं जिसे बुदबुदाने वह न जाने कब से उनके दिमाग़ के बोझिल कमरों में खड़ी थी।

इन्हें ही कवि नाम से पुकारा जाता है।

फरिश्ते के हाथ

ध्यान से देखा तो पता चला कि जिन्हें मैं हमेशा से अपना मानता रहा, वे हाथ मेरे नहीं हैं। मुझे अपने हाथ अच्छी तरह याद हैं, यह ज़रूर है कि उन्हें देखना गाहे-बगाहे ही हो पाता था। और अब तो उन्हें देखे अरसा हो गया था। इस बीच बिना हाथों की ओर एक बार भी देखे, मैं समझता रहा कि वे हाथ जिन्हें मैं लेकर माँ के गर्भ से धरती पर उतरा था, अब भी मेरे दाएँ-बाएँ झूल रहे हैं। मुझे भरोसा था कि ये वे ही हैं जो गाहे-बगाहे क़लम पकड़ लेते हैं और उसकी भीगी आँखों से उसके आँसूओं को मेरी जीभ तक खींच लाते हैं और कभी-कभी अँधेरे कमरे में दरवाज़े की साँकल खोज देते हैं। कितना समय बीत गया इस भरोसे में जीवन बिताते।

अभी हाल में मुझे पता चला कि मेरे हाथों को बदल दिया गया है।

मैं जिन्हें अपना मानता रहा, वे हाथ किसी और के हैं। शायद इसीलिए मुझे कई बार आश्चर्य हुआ है, वह सब कर गुज़रने पर जिसके मैं सर्वथा अयोग्य था। वह लिखने पर जिसे पढ़कर लगा मानो किसी और का लिखा पढ़ रहा हूँ। अब अंदेशा होने लगा है कि हो न हो कोई चोर किसी भले मानस के हाथ चुराकर भाग रहा होगा कि अचानक पकड़े जाने के भय से उसने उन हाथों को मेरे हाथों से बदल दिया और मेरे हाथ लेकर बेख़ौफ़ भाग गया। अंदेशा यह भी होने लगा है कि ये निश्चय ही किसी फरिश्ते के हाथ हैं वरना ये उसकी भीगी आँखों से उसके आँसूओं को मेरी जीभ तक इतना सुरक्षित नहीं पहुँचा पाते और मेरी ख़ातिर अँधेरे कमरे में जंग लगी साँकल खोजने की ज़हमत नहीं उठाते और मुझे वह सब नहीं लिखने देते जो मैं उनके बारे में उन्हीं से बेलाग लिख रहा हूँ।

चश्मा ही क्यों?

जब भी यह ख़याल नहीं रहता कि चश्मा लगाना भूल गया हूँ, मुझे सब साफ़ दिखने लगता है। घड़ी में वक़्त, पलंग के पास का बिजली का बटन, मच्छरदानी के दूर के हिस्से का छेद, उसकी आँखों में नींद का ज्वर। यह याद आते ही कि चश्मा नहीं पहना है, आँखों में धुँधलका बढ़ने लगता है मानो चश्मा आँखों पर न लगकर ख़यालों पर लगा हो। मानो संसार का धुँधलका मन के ही किसी कोने में सोया रहता हो और यह पता लगते ही कि चश्मा आँखों के आगे से हट गया है, टूट पड़ता हो बाहर के संसार पर और धुँधला कर जाता हो घड़ी का वक़्त, बिजली का बटन, मच्छरदानी का छेद, नींद का ज्वर।

मेरी उत्सुकता बस इतनी सी है कि मेरे मन ने आख़िर चश्मा ही क्यों चुना है संसार के धुँधलके को अपने किसी कोने में थामे रखने को। यह काम मसलन जूता क्यों नहीं कर सकता था। याकि मैं चश्मा आँखों पर चढ़ाता हूँ या मन पर। चलो मान लिया मन पर पर यह तो पता चले कि भागती दौड़ती इस नाचीज़, मन पर बेचारा चश्मा चढ़ा कैसे रहता है?

परछाईं

परछाईं ने मेरे साथ चलने से इन्कार कर दिया। यह इन्कार कल देर रात हुआ। मैं पढ़ रहा था और परछाईं तब तक अँधेरे का ही हिस्सा थी। सुबह होने पर ही उसे मेरे साथ होना था। 'तुम्हारे आगे-पीछे नहीं चलूँगी। केवल वहीं जाऊँगी जहाँ मेरा मन करेगा!' मैंने जब आग्रह करने को उसकी ओर देखा, वहाँ अँधेरा था जिसका वह हिस्सा थी। दिन के अँधेरे को, रात के अँधेरे से अलगाने का हुनर मेरे पास नहीं था। पर उस रात के बाद से वह कभी मेरे आसपास नहीं फटकती। वह जहाँ कहीं भी होती, उसके भटकने की सरसराहट कानों में गूँजती रहती, जिसके सहारे मैं जान लेता कि वह कहाँ है। कभी वह समुद्र तट पर भटकती, कभी पहाड़ों पर फिसलती, कभी किसी उड़ते पक्षी के पंखों पर पसर जाती। इसमें शक नहीं कि मुझसे अलग होकर वह दुनिया-जमाने में घूमती फिरती पर मैं किसी शक्की प्रेमी की तरह उसके पते-ठिकाने की ख़बर रखे रहता। कई बार जब मैं कानों में गूँजती सरसराहट के सहारे यह जान नहीं पाता कि वह कहाँ है, तो मैं आसपास के लोगों की परछाइयों पर शक करता कि कहीं उन्होंने मेरी परछाईं को अपने में समा न लिया हो।

परछाईं से दूर रहते हुए मैं दूसरे मनुष्यों से भी दूर होने लगा हूँ।

हिचकियाँ

उन दिनों भी बहुत हिचकियाँ आती थीं। मैं स्कूटर चलाता और अंजना हवा के बहाव के बीच हिचकियों की आवाज़ सुनती। 'जब बाबू जेल में थे, उन्हें बहुत हिचकियाँ आती थीं। किसी स्वतन्त्रता संग्राम सेनानी ने उन्हें हिचकी रोकने का ढंग सिखाया था। देर तक साँस रोको फिर धीरे-धीरे छोड़ो।' अब न बाबू हैं, न वह और न स्वतन्त्रता संग्राम की यादें। हिचकियाँ हैं। उनसे तंग आकर मैं देर तक साँस रोकने के बाद धीरे-धीरे छोड़ते समय देखता हूँ कि अंजना पास खड़ी मुस्करा रही है।

ओह! यह कैसा सन्निद्ध है जो बगैर हिचकी के ज़ाहिर नहीं होता!

वाहक

'हम रज्जन को लेने आये हैं!' माँ बोली। उसका रूप आकाश का-सा था। रंग भी। 'हम रज्जन को लेने आये हैं,' पिता बोले। उनका रूप आकाश का-सा था। रंग भी। 'बच्चू भी साथ है!' पिता फिर बोले। उसी समय उनके शब्दों की छाया जैसी माँ की बोली आयी, 'बच्चू भी साथ ही है!!' पीछे सचमुच वे थे। गुमसुम। अपने छोटे भाई को लेने वे आये ज़रूर थे पर थोड़े-से भारी मन से। उनका रूप आकाश का-सा था। रंग भी। पर वह आकाश मटमैला-सा था। थोड़ा-सा मटमैला।

धरती पर जल रही आग के पास मैं खड़ा था। आकाश पर लालिमा फैल रही थी। इस छोर से उस छोर तक। वह लालिमा ही थी, इस छोर से...।

(कुछ वाक्य)

मथानी

माँ काली हाँडी में मथानी चला रही है। उस पर लिपटी रस्सी के दोनों सिरे उसके हाथों में आगे पीछे होते हैं और मठे के ऊपर मक्खन के कण इकट्ठा होते जाते हैं। वह साड़ी थोड़ी-सी ऊपर कर पंजों पर बैठ मुझे चावल खिला रही है। दूर कहीं से पास आता स्कूल बस का हॉर्न हमें घेर रहा है। उसके हाथों से घी की गन्ध आती है। भाई पहली बार गांजा पीने के बाद आँगन में खड़े होकर अपने मरने की बात करता है। पिता चीखते हैं, 'मुझसे पहले तुम कैसे...' उनकी घबराहट आकाश तक पहुँच कर उनके आने की राह देखती है। माँ मथानी रोकती है। मुझे देख उसके थके चेहरे पर रुक-रुक कर मुस्कान फैल जाती है। मक्खन उठाये उसके हाथ में चन्द्रमा का गूदा दिखायी देता है।

वह बहुत थोड़े-से गूदे में शक्कर मिलाकर मेरी ओर बढ़ा देती है।

(कुछ वाक्य)

कोई मुझे लिखने से रोकता है

कहीं ओस की बूँद घास के तिनके पर
लुढ़कती हुई गिरने से ऐन पहले थम जाती है
भाप के रेशों में बिखर कर खो जाती है

कहीं चाकू की चमकती नोक
हवा के टुकड़े-टुकड़े कर डालती है
आसमान से उषा का लहू बह निकलता है

कहीं वह किशोरी पर्वत शिखर पर
फरफराती उजास की चिन्दी से
अपना सिर ढाँक कर नीचे उतर जाती है

कभी अपने सूने हो गये मकान की
एक-एक नब्ज़ पर हाथ रखकर देखता हूँ कि
कहीं वह मर तो नहीं गया

बारीक-सी आहट तक को सोखने
घर की सारी छतें-दीवारें नीचे झुक आती हैं
मैं क़लम उठाने को हाथ बढ़ाता हूँ
पर कोई मुझे लिखने से रोकता है

कविता को कोई नया रूप

कविता को कोई नया
रूप नहीं दे पा रहा

बुझे हुए मन में चिलक-सी
उठती है और बुझ जाती है

यह चारों ओर फैली उजास-सी कुछ
मानो अँधेरे पर पड़ी चादर हो
रह-रहकर कँपकँपाती है

यह कैसे कहा जाएगा कि
बर्फ़ीली नदी अपनी ही
मछलियों पर नश्तर चला रही है

छन्द एक फाँस की तरह मेरी
अँगुलियों में गड़ा है, रह-रहकर
टीस उठ रही है

लिखना चाहने और
लिख पाने के बीच
कविता को कोई नया
रूप नहीं दे पा रहा

कविताएँ पढ़ने के बाद

(काव्य-सन्ततियाँ)

मन खाली-सा हो आया
आर-पार फड़फड़ाती हुई
सिर्फ़ कुछ पारदर्शी लहरें
शून्यता ने समुद्र का रूप ले लिया है

सदी दर सदी मनुष्यों ने
कितनी पीड़ा सही है,
पेड़-पौधों ने, पशु-पक्षियों ने भी
सुख भी
जो हवा-सा बहता
अचानक कभी माथे से
टकरा कर छिन्न-भिन्न हो जाता था

हम कहाँ से आये हैं?
मालूम नहीं!
कहाँ जाएँगे?
मालूम नहीं!
एक कँपकँपाता-सा 'बीच' है
हमें किसी तरह थामने को
हमारी पागल इच्छाओं,
खुलती-बन्द होती
कल्पनाओं,
बनते बिगड़ते रिश्तों को

अदृश्य दीवारें हर ओर से
हमें घेरे हैं
हर दीवार के पीछे से
किसी पुरुखे या अजन्मे शिशु की
फुसफुसाहट सुनाई देती है

यहाँ कोई 'जाना' नहीं है
हम हर जगह पहले से हैं
यहाँ 'लौटना' भी नहीं है
हमारी छूटन कहीं बाक़ी नहीं
उसे हवा उड़ा ले गयी है

कामना से भरा हृदय-पात्र
सूखी रेत के विस्तार में
छलकता है
पास ही कहीं पथिक सुस्ताते हैं
और अपनी राह चले जाते हैं

भोर की कोमल किरणों के सहारे
पृथ्वी पर उतरता विराट दिवस
अनजाने ही धरती पर आ गिरे
मर्तबान के टुकड़ों-सा फैल जाता है।

कैसा वह शहर?

वह स्मृति और कल्पना के गड्डमड्ड का शहर है।
बचपन की बीहड़ उड़ानों का,
वात्सल्य का शहर।
हरसिंगार के फूलों से अटे आँगन का,
पिता के विषम आतंक और नानी की कठोरता का शहर।
नाना और माँ के घरों के बीच नदी की तरह बहती सड़क को बार बार नंगे पैर पार करने का शहर।

वह विस्मय का शहर है जहाँ मरने के बाद भी किसी मोड़ पर किसी राहगीर को पिता दिखायी दे जाते हैं।
वह मृत्यु का शहर है।
मृत्यु के बाद के जीवन का शहर।
अभाव का,
अभाव के रूपंकरण का शहर।
अपने आप में हमेशा के लिए खो गया शहर।
केंटोमेंट की लम्बी सूनी धूलभरी सड़कों का शहर।
पुरुषोत्तम की साईकल में उलझ कर पैर ज़ख्मी कर लेने का शहर।
पीली कोठी के सामने की पहाड़ी पर बने ऐकान्तिक होटल के समोसों के स्वाद का शहर।
मंजू प्रसाद के कम कद, गोल चेहरे और अमरिन्दर कौर की दो लम्बी चोटियों का शहर।
मैडम वागले की उदास आँखों और बारिश में भीगते तम्बुओं में लगे स्कूल का शहर।
अनन्त चतुर्दशी के दिन जैन मन्दिर में बँटते शक्कर के लड्डुओं और घर में बनते वर्षगाँठ के गुलगुलों का शहर।

वनस्पतिशास्त्र के अध्यापक डाकवाले की पैनी आवाज़ और लम्बे हाथों का,
अपने ही घर के बरामदे में नान्दी की तरह बैठे बुज़ुर्ग बिख़्शियों का शहर।

वह माँ के घर की हवा में घुल जाने का शहर है।
पुरखों की अनुपस्थिति का शहर।
रामचरितमानस की अबूझ चौपाइयों का शहर।
ख़ुद अपने बारे में, 'यह कौन है जो चल रहा है,' 'बोल रहा है', 'माँ के पास सो रहा है', सोचने का,
शाम के फीके पड़ते उजाले में भाई की बढ़ती बेचैनी का शहर।
बहनों के हाथों चुपचाप पिटने का शहर।
पिता से नाराज़ हो कुछ दिनों के लिए घर छोड़ कर चले गये भाई को छिपकर खाने का डिब्बा भेजती माँ का,
सड़कों पर सुबह जाती और शाम होने पर लौटती गायों का शहर।
बाल्टी में दुहे जाते गाय-भैंस के फैनिल दूध का,
बाग़ीचों की क्यारियों में लगे बैंगनी भटों का,
पिटारे से बमुश्किल बाहर निकाले जाते साँपों का शहर।
लाल मैदान के किनारे की देशी शराब की दुकान से डगमगाकर निकलते शराबियों का पसीना सुखाते खिलाड़ियों के सामने से बेआवाज़ गुज़रने का,
हनुमान मन्दिर की ओर अकेली जाती माँ के अचानक दिख जाने का शहर।

घर के बाहर बीड़ी बनाती औरतों, आदमियों का,
एक के बाद दूसरी दुकान पर पुरानी पोथियों के पीछे बैठे आढ़तियों का,
किताब की दुकानों पर ऊबते दुकानदारों का,
पारस टॉकीज में लगती विदेशी फ़िल्मों का,
आगे जमना मिठया और पीछे चलती उनकी पत्नी के हाँफ़ने का शहर।
तालाब के गहराते पानी पर तैरते चन्द्रमा को काटते चप्पुओं का,
वृन्दावन बाग़ से आती मालपूओं की गन्ध और क़दम-घाट के मन्दिर पर तिरते गाँजे के धुँए,
घोड़े पर सवार चाँदी की हत्यारी कुल्हाड़ी थामे रंगदार,
माँ की कैंसर छिपाती उदास आँखों का शहर।

सैमल के सुनहले रेशों के उड़ने,
खूँटी पर लटकी नाना की सफ़ेद गांधी टोपी का शहर।

अन्तहीन स्पन्दनों का शहर।
विवरणों में किसी भी तरह न समा पाता शहर।
मेरे कैसे भी सपने में चुपचाप अपने भूगोल की चादर फैलाता शहर।
मेरी कैसी भी कहानी में कभी सड़क बनकर, कभी पेड़ बनकर, कभी प्रकाश
के विस्तार पर छूटे हुए पदचिह्न बनकर बार-बार बिखर जाता शहर।

दुपट्टा

दुपट्टा अनोखा पहनावा है
जिसे पहनने के बाद भी
लगातार पहनते रहना पड़ता है।
कहने को उसे कन्धों पर डाला जाता है
पर सच ये है कि उसे कन्धों पर लगातार
सँभालना होता है पानी की किसी लहर की तरह
हाथों को रह-रहकर उसकी ओर लौटना होता है
मानो वह उस बेचारी को भूलने ही न दे रहा हो
कि वह है उसके कन्धों पर
वेताल की तरह सवार
वक़्त-बे-वक़्त करवट बदलता हुआ।
हो न हो इसे किसी ऐसे शख़्स ने सुझाया होगा जिसे
दुनिया भर के सवाल अपने कन्धों पर उठाने पड़ रहे हों

अन्तिम वक्तव्य

अब ख़्वाब नहीं बाक़ी
मुझे अब घाट पर छोड़ आओ

मैं थक गया रोते-रोते
ऊब गया कहते-कहते
आवाज़ नहीं बाक़ी
मुझे अब घाट पर छोड़ आओ

मैं गिर गया हँसते-हँसते
उकता गया बहते-बहते
अरमान नहीं बाक़ी
मुझे अब घाट पर छोड़ आओ

मैं तंग हुआ सुनते-सुनते
मन्द हुआ पढ़ते-पढ़ते
अब ध्यान नहीं बाक़ी
मुझे अब घाट पर छोड़ आओ

मैं जाऊँ तो कहाँ
ठहरूँ तो किस धाम
अब ठौर नहीं बाक़ी
मुझे अब घाट पर छोड़ आओ

मैं मुड़ूँ तो किस ओर

लौटूँ तो किस भेस
अब देस नहीं बाक़ी
मुझे अब घाट पर छोड़ आओ

मैं जुड़ूँ तो किससे
टूटूँ तो किस तरह
अब उम्र नहीं बाक़ी
मुझे अब छोड़ आओ
हाँ, मुझे अब घाट पर छोड़ आओ।

रात चार बजकर तीन मिनट

रात के चार बजकर तीन मिनट पर जब लगभग सारे परिचित गहरी नींद सो रहे थे—मैं ख़ुद वही कोशिश कर रहा था—मैं साठ के एक और बरस क़रीब सरक गया। मेरे सारे भाई-बहन और कुछ मित्र कुछ बरस पहले उस पार जा चुके। मेरी मुश्किल यह रही है और यह बचपन से है कि हर साल सिर्फ़ एक बरस ही साठ के क़रीब पहुँच पाता हूँ। मैं सोचता हूँ, यह कहाँ का न्याय है कि इतने लम्बे-चौड़े वक़्फ़े में मैं सिर्फ़ एक बरस साठ के क़रीब सरक पाता हूँ। मेरी उम्र शायद उस गति से नहीं चल रही जितनी बाक़ी सबकी। मैं कितनी ही तेज़ कार में सवारी करूँ, कितने ही ऊँचे जाते विमान में चढ़ जाऊँ, मेरी उम्र के बढ़ने की गति तेज़ बढ़ती ही नहीं। समय मुझे अछूत भले न मानता हो, कम-छूत ज़रूर मानता है। वह बीमारियाँ ला-लाकर दूर से ही मेरे चेहरे पर उम्र के संकेत छोड़ जाता है। उम्र सचमुच नहीं बढ़ती।

मैं अपने कम-उम्र कन्धों पर उम्र से अधिक का चेहरा उठाये शहर की सड़कों पर चलता हूँ, थककर किनारे बैठ जाता हूँ, घड़ीभर सुस्ताने। कभी-कभी कोई फरिश्ता हवा में घुला हुआ सामने आ खड़ा होता है और पूरे भोलेपन से जो पूछता है, मैं सुन नहीं पाता।

बेगाना

मुझे अतीत में अपने अन्तहीन जन्म दीखते हैं
भविष्य में लगातार होतीं मेरी मृत्युएँ
इन जन्मों और मृत्युओं के बीच
मैं इस तरह जीवित हूँ कि कभी एक तरफ़ देखता हूँ
कभी कहीं और

कभी मृत्यु की आँखों में झाँकता हूँ
कभी जन्म की किलकारी सुनता हूँ

कभी मृत्यु को
जन्म से पहले देख लेता हूँ
कभी मृत्यु के बाद एक और मृत्यु और उसके बाद
तीन-चार लगातार जन्म लेता रहता हूँ

कई बार ये दोनों ही
साथ चले आते हैं और
मुझे चकित देख
अट्टहास करते हैं

कई बार वे अपने चेहरे
आपस में बदल लेते हैं और
मैं सिर पटकता रह जाता हूँ
कि मृत्यु अपना कोई नया
चेहरा लगाये हैं या उसने

जन्म का चेहरा पहन लिया है।
कि मृत्यु जन्म का भेस रखकर
मेरी ओर चली आ रही है
या कि मृत्यु के शरीर में ही
मेरा जन्म हो रहा है

इन भ्रमों से घबराकर
मैं आँखें मूँद लेता हूँ, वर्तमान की
तनी हुई रस्सी पर चलता हूँ और
संसार से बेगाना बना रहता हूँ

सूना कमरा

मैं खुले आकाश के नीचे मरूँगा

—जितेन्द्र कुमार

मुझे सूने कमरे में मरना है
मैं अपनी दोनों बाँहों में
अपने बेटों का अकेलापन सँभाले
धीरे-धीरे अन्त की ओर बढ़ जाऊँगा।

सूने कमरे में मेरे क़दमों की
आहट से शायद
दीवार के पलस्तर का एकाध हिस्सा
टूटकर मेरे कन्धों पर गिर पड़े
पर कोई और आवाज़ नहीं होगी
खुली किताबों के अक्षरों को
'चुप' का इशारा करती रात-छुई
हवा मुझे चुपचाप घेर लेगी

मैं उलट गयी साँसों की आवाज़ों में
अपने जीवन के लांछनों, घावों को टटोलता,
बचपन के अनसुलझे सवालों को दोहराता,
अन्तिम साँस का इन्तज़ार करूँगा।

वह आएगी चमकती हुई
टूटे तारे के पीछे छूटी

रोशनी की लकीर की तरह
और मैं उन सबको देखता जो
मेरे पहले इस चमकती लकीर को
देख चुके हैं, अपने में डूब जाऊँगा

मुझे सूने कमरे में मरना है।

कर्म की हड्डियाँ

(नागा लोककथा से प्रेरित)

तुम्हारे मांस-मज्जा को काल
खा जाएगा
नाम उड़ जाएगा
हवा में तीखे इत्र की गन्ध की तरह
नाते-रिश्ते सारे के सारे
धूल में मिलकर किन्हीं और
नाते-रिश्तों की ज़मीन तैयार करेंगे

प्राण विलीन हो जाएँगे
आकाश की असंख्य नीली लहरों में

आत्मा थके हुए अश्व की तरह
लौट जाएगी ब्रह्म-अस्तबल में,
मांस-मज्जा को गिद्ध की तरह
काल खा जाएगा
नाम-घर-धाम
उड़ जाएँगे हवा में

केवल तुम्हारे कर्म की
हड्डियाँ बची रह जाएँगी
ज़मीन के ऊपर उठे हुए
अक्षय स्मारकों की तरह

अपनी आभा की
झील में तैरता
शरद का चन्द्रमा

पितृ पक्ष

पिता

लगता है मरने का एहसास
कमज़ोर पड़ रहा है
मैं खीजता हूँ अपने बेटों पर
जैसे तेज़ हवा उद्यान उखाड़े डाल रही हो
मैं खीजता हूँ अपने बेटों पर
जैसे... जैसे... ओह!
मुझे अपनी क्रूरता की उपमा
ढूँढ़े नहीं मिल रही
प्रकृति दोनों हाथों से बटोरे ले रही है
अपने तमाम उपस्कर

लगता है मरने का एहसास
कमज़ोर पड़ रहा है!

कमज़ोरी

मैं अपनी कमज़ोरी छिपा नहीं सका
यह गर्व से नहीं, मजबूरी से कह रहा हूँ
कमज़ोरियाँ इतनी ज़्यादा थीं कि
गाहे बगाहे छलक ही जाती थीं

मुझ पर उपकार मेरे बेटों का कि
वे उन्हें देखकर भी चुप रहे आये उन
ऊँचे-ऊँचे दरख़्तों की तरह जो
पूर्वजों की तरह घर की बगल में
बरसों से खड़े हैं

मैं यहीं रुक रहा हूँ
यह कविता अब किसी भी क्षण
आत्मदया में फिसल सकती है!

आसान नहीं है

आसान नहीं है पिता बन पाना
जब तुम्हें पता हो कि तुम्हारे कहे हर शब्द का
उससे कहीं ज़्यादा मतलब लिया जाने वाला है
जितने के वह क़ाबिल है
आसान नहीं है उस बढ़े हुए मतलब को
लगातार सिर पर ढो पाना
जब तुम्हें अन्देशा हो कि तुम्हारे हर उस कृत्य से
कुछ सीख लिया जाने वाला है जिसके
वह कतई क़ाबिल नहीं
आसान नहीं है अपने उस कृत्य को
किसी और में दोहराते देखना

यह सच है कि आसान नहीं है कवि होना,
गणितज्ञ या नर्तक होना पर
मुझे शक नहीं कि
आसान नहीं है पिता हो पाना

ख़ुशनुमा

कहने को मैं ख़ुशनुमा आदमी था
यह नहीं कि जीवन में
दुःखों या उलझनों की ज़रा-भी कमी थी
यह नहीं कि प्रियजनों का अभाव रह-रहकर
सालता न था पर वे
कभी मुस्कान को मेरे चेहरे पर आने से
रोकते न थे।
यह उनकी कृपा थी या
किसी और की मुझे पता नहीं था
मुझे सिर्फ़ इतना पता था, वो भी
दूसरों से सुनकर
मैं ख़ुशनुमा आदमी था

लो मैं फिर गिर पड़ा

लो मैं फिर गिर पड़ा
क्रोध से पैर काँप रहे हैं
आँखें विषाद में झपझपाती हैं
कामना बढ़ाए चली जा रही है
सीने पर अपने पैरों की थापें
ख़ून में घुला भय नस-नस में
फैल गया है एक बार फिर

इस सब को तो मैं जीत चुका था!
अभी कुछ दिनों पहले तक ही
इस सब को परे ठेल कर हिम्मत से खड़ा था

फिर यह क्या हुआ?

ज़रा-सा मेरा ध्यान बँटा नहीं
कि ये सब के सब मेरे पास लौट आए
मानो अपने नैसर्गिक आवास में

और लो,
मैं फिर गिर पड़ा!

पुरातन देश का नागरिक

हर बीतते दिन के साथ यह जान रहा हूँ
कितना सीख पाना अभी बाक़ी है

बाप बना पर बाप बनना
पूरी तरह सीख नहीं पाया
मैंने बच्चों को अपने डर में
बाँध कर रखा जैसे ख़ुद
बँधा रहा था अपने पिता के डर में
मैं तोड़ नहीं पाया सिलसिला

मेरा पढ़ा-लिखा होना
एक बार फिर बेकार गया

ऐ पुरातन देश, मुझे क्षमा कर!
मैं रात-दिन चाहकर भी
तुझ-सा नहीं हो पाया
मैं रात-दिन चाह कर भी
उन धागों को टटोल नहीं पाया जिनसे
मेरे पिता नहीं, मेरी माँ के सहारे
तूने मुझे गाँठ-दर-गाँठ बुना था
बचपन में कभी!

देखो मुझे
खो दो मुझे
देखते देखते

कविताएँ 2009-2021

अभाव के अर्थ से बिंधा मनुष्य

अभाव के अर्थ से बिंधा मनुष्य
मृतकों की परछाइयों को सिलकर चादर बनाता है,
जिस पर उपस्थितियों के बीज
वह सलीके से बोता जाता है मानो
आकाश में चन्द्रमा नक्षत्र बो रहा हो कि प्रकाश हो सके
अँधेरे के निरन्तर बरसने के बाद भी
कुछ नक्षत्रों में फल नहीं आ पाते
कुछ टूट कर झर जाते हैं

अभाव के अर्थ से बिंधा मनुष्य
इस तरह कुछ और अकेला हो जाता है।

अकाल

उदासी के सीमान्त पर
दूर देश से आये पक्षियों की
उड़ानों के धागे तिरते हैं

मौन को सुनने की आकांक्षा लिये,
कविता शब्द में गोते लगाती है

अकेली तैरती नाव का सन्नाटा
पलकों के पीछे फैल जाता है

वियोग की मछलियों की आँख को
कोई नहीं भेदता

पानी में उतरती सीढ़ियाँ
जब बाहर आती हैं
अकाल की दीवार पर बैठा
बन्दर पीठ खुजला रहा होता है।

छूटी जगह

दर्द की छोड़ी हुई जगह पर
वनस्पतियों की गन्ध फैलती है
रात गये वहीं एक अनोखा चन्द्रमा उग आता है
जो नीले समुद्र में उफान ले आता है
रोगी अपनी आँखें खोलकर
आकाश की सिलवटों में
दर्द को तलाशता है
कई बार वह वहीं रह जाता है
कई बार ओस के दर्पण में क्षणभर को
झाँक कर खिलखिलाता है

अपनी कामनाओं में सिहरते पशुओं के कानों में
अपनी जगह छोड़ दूर निकल आये
दर्द का गान थपकियाँ देता है
यही उनकी लोरी है
यही उनकी नींद का टेढ़ा-मेढ़ा मार्ग।

बदहवास चेहरा

इस रेगिस्तान के सुनसान में
सब कुछ ठहरा हुआ
स्थगित है हरीतिमा
स्थगित हैं क़दमों के निशान
स्थगित हैं आँखों के आँसू
स्थगित हैं पत्तियों का हिलना
दूर से तैरता चला आ रहा है
मृत्यु का अनसुना गान
पर हाँ! मृत्यु को लेकर बने
किसी भी वाक्य में हर बार
उभर आता है क़ैस का बदहवास चेहरा!

अचानक फूल

घर के बिखराव पर अवसाद की छाया पड़ती है
वहीं कहीं अँधेरे में खोया सुख
नाख़ूनों पर फिसलता हुआ-सा लोप हो जाता है

पर्वतों पर आकाश से
उतर आये पक्षियों का डेरा है
वनों में असंख्य बारिशों का
कोलाहल हवा की ओट में छिपा है

एकान्त की ओर बार-बार देखते
मनुष्य को अन्तरिक्ष अपने में सोख लेता है

मृत्यु के पार फैली भूमि पर उगे
हरे बिरवे में अचानक फूल आ गये हैं।

उदास पदचिह्न

देखने में न देख पाने के बीज छिटके पड़े हैं
विराट में पड़ी दरार से
रक्त बह रहा है

युद्ध से लौटे लोग
हर्षित नहीं, उत्कण्ठित हैं
कुछ और लोगों को मारने के लिए

प्रेम के फ़र्श पर पड़े
उदास पदचिह्नों से
यह समझ पाना कठिन है कि
यहाँ मृत्यु आकर चली गयी है
या धीरे-धीरे आ रही है

साँसों पर आता जाता शब्दों का रेला
ऐसे ठिठक गया है मानो उसे लकवा मार गया हो!

वर्षा की रात्रि

आकाश की विद्युल्लेखा आँखों में
आकर टूट जाती है
नक्षत्र कुछ देर डगमगाते हैं
फिर अन्धकार के जाल में उलझे रह जाते हैं

विषाद की चकाचौंध में समूचा वन
एकबारगी आलोकित हो उठता है

पशुओं की आँखों में
भय उतर आता है

चेहरे पर उभरती लकीरों के
स्पन्दन से उदासी झरती है

भीगी पत्ती पर अंकित सुकुमार
स्पर्श का रेखांकन मिट जाता है

फड़फड़ाती तितली तेज़ बारिश में
बह जाती है।

शय्या के किनारे से

गहरे लाल हुए चेहरे पर
डूबती-सी मुस्कान उभरती है

मोमबत्ती के प्रकाश का घेरा
छोटा हो रहा है
उसे घेरता अन्धकार
आगे बढ़ता चला आता है

कुछ पलकें धीरे-धीरे उठती हैं
कुछ भारी होकर दृश्य को
परदे की तरह ढाँकने लगती हैं
या बर्फ़ की तरह —

किन्हीं अदृश्य क़दमों की आहट यहाँ-वहाँ फैलती है
कान उन्हें उठा पाएँ, इससे पहले ही सन्नाटा छा जाता है
आकाश में बुझते सूर्य का स्वाद लेने
बाहर निकलती जीभ, बाहर ही रह जाती है।

बाज़ार में कविता

हाथ की गर्माहट से फव्वारे की तरह
अनेक दृश्य फूटते हैं

स्पर्श में खनकते सिक्कों की आवाज़
कानों को आहत करती है

हाथ की शुष्कता से नीले आसमान में
धूल के बगूले छा जाते हैं, कुछ देर के लिए

परिष्कार में यन्त्रणा के रास्ते दुबके पड़े हैं

भाषा तुम्हारे मानस में
कुण्डली मार कर बैठी कल्पना ही है

कविता मनुष्य को वहाँ ले जाती है
जहाँ अभी संसार का उत्पन्न होना बाक़ी है।

निराशा का माप

धुलकर रखे बर्तनों से
दिन का बचा हुआ प्रकाश बाहर झाँकता है

हर दुःख में ईश्वर का कोई
छूटा हुआ हिस्सा तैरता है

ब्रह्माण्ड के किसी कोने में जब
पृथ्वी भटकती चली जाती हो,
मनुष्य की निराशा का क्या माप हो सकता है

हवा से खेलती दो तितलियों के बीच से
गिरते सूखे पत्ते के छन्द की
एक-एक मात्रा कहीं बहुत भीतर घाव करती है

लगाव के पहले क्षण में ही
अलगाव का चेहरा आकार लेने लगता है।

गमन

बिछोह के मार्ग में मीठे पानी का
झरना बह रहा है जिसमें
झुका हुआ आकाश अपने ही
अथाह में टूट-टूटकर गिर रहा है

हृदय की भूमि पर नंगा वृक्ष उगा है
बहता हुआ समीर काँटों में
उलझ कर रह जाता है

रह रहकर दूर जाती पदचापों की
आवाज़ धीमी पड़ती जाती है

पटरियों पर भागती परछाईं
रेलगाड़ी से टकराकर चूर-चूर हो जाती है

दुःख शरीर से मुक्त होकर
सृष्टि के कण कण में समा जाता है।

पुकार

पूरी तरह उलीचे जाने के बाद भी
हृदय पात्र में थोड़ा-सा दु:ख बचा ही रह जाता है
वहीं कहीं आनन्द का सोता भी
सोया पड़ा है

वनपाखियों के टूटे पंखों से
सरोवर का बड़ा हिस्सा ढँक जाता है

हिरणों की कुलाँचों से मद्धिम बहता-सा
पवन घायल हो लड़खड़ाने लगता है

आँसुओं की टूटी धारा को
जिन धागों से जोड़ा जाता है
वे देखते ही देखते लाल पड़ जाते हैं

रुँधे गले की गुफ़ा से निकली पुकार
जाने कितने शब्दों में प्रवेश कर जाती है।

पोषण

अकेलेपन के क्षण में जगत का
बहुत विस्तार हो जाता है

अकेलेपन के क्षण में ब्रह्माण्ड
मुट्ठी में सिमट आता है

इस रेशा-रेशा बिखरते समय में
कविता मनुष्य के रहस्य को
उद्घाटित नहीं, पोषित करती है
अपने गर्भ में नहीं, गोद में
जहाँ वह दिखता हुआ भी नहीं दीखता

यह सोचने में कितनी सान्त्वना है कि
जिस कुर्सी पर बैठकर आप पढ़ते हैं
उसी पर कभी-कभी गिलहरियाँ भी दौड़ती-फिरती हैं
बिल्ली धूप सेंकती है
बारिश की बूँदें पड़ती हैं।

उत्सर्ग के बिम्ब

अपमान में पीड़ा की सिहरन और
क्रोध का पैनापन दोनों होते हैं

क्रोध अपनी छुरी से
कहीं बहुत भीतर घाव करता था और
सारे अन्तस को लहूलुहान कर डालता था

पीड़ा उसी घाव को
आँसुओं से भरती थी

बहुत अधिक प्रेम
प्रेमपात्र पर बोझ बन जाता था
जिसे उतारने की कोशिश में
वह हहराते समुद्र में कूद जाता था

नीले पानी पर उत्सर्ग के
बिम्बों से ख़ून रिसता था
जिसे पीने, कभी-कभी
चाँद झुक आता था।

संवाद की उम्मीद

कविता लिखने की इच्छा के
बहुत बाद में लिखी जा पाती है

इच्छा और लिखने के बीच के
अन्तराल में कविता कहाँ रही
जानने की कोशिश करना
होने के रेतीले विस्तार के बीच
झिलमिलाते अपने स्वच्छ न होने
में झाँकने जैसा है

पशु मनुष्यों की ओर अनायास ही
संवाद की उम्मीद से ताकते हैं

वे जानते हैं
पर मनुष्य भूल चुके हैं कि
कि वे पशुओं की बोली बोल सकते हैं।

देवी

न होने का रेतीला विस्तार
होने की मरीचिका में उभरता
देहरी पर ठिठका सुकुमार उत्सुक चेहरा
कौन उसे ठग ले रहा है
कौन उसे सँवार रहा है
कौन उसके वियोग में प्राण तज रहा है
कौन उसके संयोग में विस्तरित हो रहा है

ओह! वह न होने का रेतीला विस्तार
ओह! वह होने की मरीचिका में उभरता
देहरी पर ठिठका सुकुमार उत्सुक चेहरा
तुम्हारा!

गहन नीलापन

यह सरोवर-सी आँख आकाश के शून्य में बिखरे
गहन नीलेपन को देखने की गहराई तक ले गयी है

हथेलियों पर स्तनों के भार से
गुरुत्वाकर्षण के सार्वभौम अनुभव में साझा होता है

शरीर की गन्ध तुम्हें उस अँधेरी कन्दरा में
ले जाती है जहाँ बूढ़े शेरों का बसेरा है

क्या यह वही समय है
जब मृत्यु कोहरे से ढँके
पर्वतों की चोटियों की तरह
नि:शब्द बाहर झाँककर
दोबारा ओट हो जाती है।

भय की धार

सूनी आँखों में खुला मैदान
पताका-सा फहराता है

मनुष्य अपनी ही सन्तान को
छूते हुए हिचकिचाता है

सूर्य को ताकते छोटे-छोटे जल स्थान
अचानक चमक उठते हैं

आवाज़ से टपकता दुःख
हथेलियों पर एकत्र नहीं हो पाता
छिटककर वर्षा के जल में विलीन हो जाता है

भय की पैनी धार से लहू टपकता है
टप टप टप टप

देखने का जाल

रोशनी से ढँके वृक्ष से
अचानक एक चिड़िया उड़ जाती है

आँखें संसार पर देखने का जो जाल
फेंकती हैं, उसमें सिर्फ़ दुःख फँसता है

कभी-कभी अनजानी अनुभूति भी
वहाँ आती है पर वह दूर से ही
दाना चुगकर उड़ जाती है

हृदय का विशाल भवन सूना हो जाता है

पदचापों की पँखुड़ियाँ यहाँ-वहाँ तिरकर
पानी की लहरों में सवार हो जाती हैं।

अन्तराल-1

बड़ी-बड़ी आँखों में इन्द्रधनुष चमकते हैं

स्पर्श के न होने की सिहरन हवा में डोलती है

दूर-दूर तक बिखरी पर्वतों की चोटियों पर झरती
नक्षत्रों की धूल में कोई आकृति नहीं उभरती

आकाश में तिरती चाल में
कभी भी कोई
दूर चला जाता है।

अन्तरिक्ष का एकान्त

कहीं दूर स्थित घास का सुदीर्घ मैदान
एकबारगी आलोकित हो उठा है

पर्वतों के बीच कहीं बहती नदी की कलकल
वृक्षों की ध्वनियों से बचती हुई कानों तक चली आती है

सन्ध्या का डूबता सूर्य
भोर के उगते सूर्य-सा जान पड़ता है

शब्द के टकराते ही एक चेहरे पर
पानी की महीन झिल्ली की तरह मुस्कुराहट फैल जाती है

नक्षत्र टूटने के बाद कुछ देर
आकाश में लटका रहता है
फिर अन्तरिक्ष के सुनसान में
गोता लगाकर कहीं खो जाता है

कोई भागते हुए गलियारा पार कर जाता है।

पुनरागमन

आनन्द के सरोवर में
कमल के फूल की तरह
प्राण छूट जाते हैं

न कोई आ रहा है
न कोई जा रहा है

सरोवर की लहरें हिल-हिलकर
शान्त हो जा रही हैं
आकाश उन पर झुककर
उन्हें अथाह किये दे रहा है

आनन्द के सरोवर में
कमल के फूल की तरह
छूटे हुए प्राणों पर जो
हल्की-सी ओस बूँद काँप रही है

उसमें एक बार फिर
समूचा ब्रह्माण्ड झिलमिलाता
दिखायी देने लगा है।

नाम

ब्रह्माण्ड के सुनसान में
अनेक पदचापों की गूँज भर रही हैं

कोई आ नहीं रहा
न कोई जा रहा है

आकाशगंगा की सुनहली मछलियाँ
स्वप्न में तैरती हुई
सतह से जब बाहर झाँकती हैं
किनारे पर कोई नहीं होता

टूटे हुए नक्षत्र का
आकाश की शून्यता में
कोई ठौर नहीं बन पाता

साँस की लम्बी-सी डोर पर
बजने-बजने को जो
नाम है, अन्तरिक्ष के
पोर-पोर में बसा है।

अबूझ विस्तार

बिछोह की पीड़ा पर पड़ती
प्रिया की परछाई में
अनेक पक्षी सुस्ताते हैं

उनकी उड़ानें आकाश में यहाँ-वहाँ
उनकी खोज में भटकती हैं

भीष्म के तीरों से रुकी पड़ी नदी की
मछलियाँ प्रश्न पूछती हैं
पानी के उलझे रेशों से,
तलहटी में ठहर गये पत्थरों से
और कोई उत्तर नहीं पातीं

सीढ़ियों से तेज़ी से नीचे उतरती
सरसराहट रह-रहकर
अवसाद की टीस महसूस करती हैं

जंगल में इधर-उधर भागते पशुओं के
खुरों से कुचली जाती घास पर
क्षणभर के लिए एक ऊर्जस्वित
चेहरा आकार लेता है
फिर वह हरीतिमा के अबूझ
विस्तार में कहीं समा जाता है।

उजला बसन्त

बुढ़ापे के एकान्त की खिड़की पर
सुन्दर-सी परछाईं गिरती है

जहाज से बाहर झाँकती किशोरी को
अलावा जलतरंगों के कुछ नहीं दिखता

आकाश का विस्तार छोड़ मस्तूल पर बैठा
श्वेत पक्षी मनुष्यों को दौड़ता-भागता देख आँखें मटकाता है

उसके देखने में फैले सरोवर में
अनुपस्थितियाँ स्नान करती हैं

उनके गीले पाँवों की छापें
घाट पर छूट जाती हैं

उन्हीं छापों को अपनी देह पर मलकर
अगले वसन्त तक पृथ्वी उजली हो जाती है।

पतझर

कहीं बहुत भीतर से खाली हो रहे
दिन में सूखे पत्तों की सरसराहट है

पेड़ों की चमकती हरियाली पर
धूल की बारीक परत-सी
जमा हो रही उदासी पर पक्षियों के
पंजों के निशान अंकित हैं!

उल्लास की तरंगों को समुद्र तट पर फैली
रेत ने सोख लिया है।

निरन्तर उठते गिरते सैलाब के बीच
पानी पर फैलते फेन में
वे मेघ झाँक रहे हैं जो पता नहीं कब
यहाँ आ पाएँगे

मिट्टी के मर्तबानों के टूटने से
बरसों से इकट्ठा शराब बह जाती है

थकान

धुँधलाते आकाश के छोर पर
फीके पड़ते वृक्षों की कतार मानो
अन्धकार में फिसल जाने को हो

बूढ़े शिक्षक के घर का तोता
अमरूद के दानों को भी तोड़कर
उसका लगभग अदृश्य गूदा खा लेता है

अन्तरिक्ष से टूट कर नक्षत्र
सरोवर के किनारे की पगडण्डी पर
गेंद की तरह उछाल खाकर
झाड़ियों में खो जाते हैं

जीवन जीते हुए
जीवन के भीतर झाँकते रहने पर
थकान से नींद आ जाती है

आकांक्षाएँ

पिता की अनर्गल आकांक्षा के मार्ग पर
जीवन भर लड़खड़ाकर चलता बेटा
जब अन्तिम साँस खींचकर अपने बगल में देखता है :
उसे लेने पुरखों का उत्सुक समूह आया होता है।

अर्थ के गर्भ में सोये पड़े अनर्थ पर से आवरण हटाने पर
एक मुस्कराहट दिखायी पड़ती है जो
किसी सही चेहरे की तलाश में
फुर्र से उड़ जाती है

बूढ़ा अपने ढेरों चेहरों को
ताश के पत्तों की तरह
फैंटकर गुस्से से दूर फेंक देता है

चमकीले बालों से फिसलकर
आकांक्षा के कण हरियाली पर
हर ओर बिखर जाते हैं और
देर रात नींद के बीहड़ में
जहाँ तहाँ जुगनुओं की तरह चमकते हैं।

परिवार

भीतर से बिखरे हुए घर पर
चन्द्रमा का प्रकाश फैल गया है

हल्की नीली हवा के झोंकों में
रुक-रुक कर साँसों की आवाज़ें घुलने लगती हैं

कोई दरवाज़े पर देर तक इन्तज़ार करने के बाद
अचानक मुड़कर जाने कहाँ चला जाता है

चौके में चूल्हे के चारों ओर खाना खाने बैठे
परिजनों की थालियों में पुरखों की छायाएँ उतर आती हैं

आग की पीली उजास में
विफल प्रयत्नों की टूटी किरचें चमकती हैं

प्रेम कविता

प्रश्न के उत्तर आने के पहले तक का अनिश्चय
समूचे संसार को नयी तरह से गढ़ देता है

तेज़ चलकर पास आती स्त्री की छाया
कहीं राह में ही एकबारगी रुक जाती है

उसकी प्रतीक्षा में पेड़ों पर हवा का
एक-एक रेशा काँपता-सा जान पड़ता है

पक्षियों की उड़ान पर काले बादलों की छाया पड़ने लगती है

पहले कभी सुनी उसकी आवाज़ का संकोच
दाने-दाने होकर स्मृति के फर्श पर बिखर जाता है

काली आँखों की चमकती दीवारों से
सिर टिकाकर सुस्ताने के पहले ही हाथ जल जाते हैं

सन्ध्या राग

शरीर में असंख्य मृत्यु के
द्वार खुलते बन्द होते हैं

वह किन्हीं द्वारों से प्रवेश करती है
किन्हीं से बाहर निकलती है

मौन के असीम विस्तार को
विलाप की तेज़ धार तार-तार कर देती है

देखते ही देखते प्रियतमा के चेहरे पर अनकहे
शोक की परछाईं फैलने लगती है

'अब लौट जाना होगा', सोचकर
भरी दोपहर में सूर्य गायब हो जाता है

बहुत देर तक पुकारते रहने के बाद
आवाज़ थककर किसी अनजान शब्द में
तिरोहित हो जाती है

हरा

कन्धे से ज़मीन तक जाते हरे आँचल में
सुबह की ओस स्पर्श की तरह फिसलती है

मुस्कराहट होंठों से निकलकर
खिड़की के काँच पर किरणों-सी बिछल जाती है

दूर खड़ी आयु उसे देर तक देखने के बाद
थककर अन्धकार में लोप हो जाती है

सुदूर समुद्र के थपेड़ों की अनवरत आवाज़ें
जाने किस विधि से मन के ही उजले कोने से
आती हुई जान पड़ती हैं

क्या यह वही सबेरा है जो
रात अपने भीतर सँजोए रखती है?

आकाशगंगा

दुःख से भरे मन में जाने कैसे
हर्ष की लहरें उठने लगती हैं

दूर आकाश में उड़ती चील की
परछाईं टुकड़ा-टुकड़ा होकर बिखर गयी है

'आकाशगंगा में उसे अपनी नाव
उतार देनी है।' वह सोचता है
'पर कैसे', पूछने पर कोई जवाब नहीं जाता

जीवन के घने कोहरे के पार
अपनी ही अनुपस्थिति की
उजास टिमटिमा रही है

अन्धकार के विस्तार में लुढ़कते
चन्द्रमा के बोझ तले
तिलचट्टे का पंख दब जाता है

संहार के मुख पर फैलती मुस्कान
धीरे-धीरे समूचे ब्रह्माण्ड में छिटक जाती है

अन्तराल-2

प्रेमियों के बीच बढ़ती दूरियों में
वे पत्ते झरते रहते जिन पर
सिहरती आहों के मानचित्र उभर आते हैं

पहाड़ के नीचे उतरती धूप की
महीन परत पर पशुओं के खुरों के
निशान अंकित हो जाते हैं

वृक्ष के तने के सहारे पृथिवी पर
लौटते वर्षा के जल की
सतह पर बैठे कीड़े की आँखों में
हरियाली का रूप बदलता जाता है

मिट्टी से सने हुए शरीर पर
पानी की बूँदें पड़ते ही
सोंधी गन्ध आना शुरू हो जाती है

खोज

घर की खोज में बरसों
भटकने के बाद निराशा ही हाथ लगती है

आँगन में बाढ़ के पानी की तरह
भरभराकर भरी धूप में
कुर्सी डालकर एक बुज़ुर्ग स्त्री
पुराण के पन्ने पलटती है

वन के ऊँचे वृक्ष से तीर की तरह
उड़ चले पक्षी की परछाईं को
बहेलिये की नज़र लग जाती है

घर की खोज में बरसों
भटकने के बाद भटकन हाथ लगती है

आँखों के सरोवर में रह-रहकर
सफ़ेद हंसों की छायाएँ तैरती हैं

नदी की लहर

जब समझना था
समझने को टाल दिया करते थे
ज़ुबान की लड़खड़ाहट के बाद भी
कुछ शब्द वायु तक पहुँच ही जाते थे

दिखने से जो रह जाता था
शरीर के पास ही कहीं काँपता रहता था
झींगुर की अटूट तान की तरह
आँखों में थम गयें आँसुओं में
निरर्थ अनुगूँजों की तरह
मृतकों की छायाएँ मँडराती थीं

हाथों के बीच से जीवन की छटा
यूँ फिसल जाती थी मानो वह नदी की लहर हो!

देखने का आवरण

देखने का आवरण हटाकर आँखों की
गहराई में प्रवेश हो पाता था जहाँ
प्रेम की सम्भावना का अंकुर
धीमी बयार में कँपकँपाता था

किताब में बतायी दुनिया का विवरण
चारों ओर फैले संसार में मिलता नहीं था

स्वयं संसार के किताब में बदलते जाने से
पहले ही सब अन्धे हो गये होते थे और
टटोलने को उठे हाथों में
चोट के गहरे निशान होते थे

बार-बार आँखों में उतरने की सम्भावना से
मन रह-रहकर सिहरता था

पास खड़ा वृक्ष हिलता था
छाया गिराता था चुपचाप, चुपचाप...

चौखट

आईने में ख़ुद को देखकर
वह सोचता है, अब वह
कुछ और बरस जी जाएगा

खिड़की के सामने आकाशगंगा का वृक्ष
सफ़ेद फूलों से लदा खड़ा है मानो
वह अपनी ही ख़ुशबू के बोझ से
झुका जा रहा हो

दूर कहीं से चिड़िया का स्वर
हवा में धागे-सा तिरता चला आ रहा है

अभी कुछ देर पहले ही तो उसने
उस अबोध कन्या की आँखों में झाँका था
मानो नये गवाक्ष से किसी पुरातन
विस्तार को अनुभव किया हो

मृत्यु चौखट पर खड़ी हाँफ रही है
यह संकेत है कि वह
आ पहुँची है और किसी भी क्षण
दरवाज़ा खटखटा सकती है

आईने में ख़ुद को देखकर
वह सोचता है अब मैं
कुछ और बरस जी जाऊँगा।

दोराहे

विडम्बना के दोराहे पर खड़े मनुष्य के
पैरों में गतियों की नदियाँ बहती हैं
जिनमें बह जाने से ख़ुद को बचाता हुआ
वह खड़ा रहता है देर तक

गहराते कोहरे में उम्मीद का प्रकाश
आकाश से झरकर भी
पृथ्वी पर पहुँचने के पहले कहीं
कुछ देर विलम जाता है

पक्षियों की उड़ान के सहारे
कहीं भी पहुँचना सम्भव नहीं,
इतना अवश्य है कि
इस रास्ते कल्पना वापस आ जाती है
आँखों में और आकाश थरथराने लगता है

विडम्बना के दोराहे पर खड़ा मनुष्य
अपने जीवन को रह-रहकर
पुकारता है औरों के जीवन से
और आश्चर्य! उसे वह
बार-बार न जाने कहाँ से
आता हुआ महसूस होता है

यह जीवन ऐसा ही है

मृत्यु की प्रशान्त मुस्कान
कामना में सिहरता शरीर, काँपता मन और
पक्षियों की कलरव से भर जाता
घर के पिछवाड़े का उद्यान

मनुष्य जहाँ कहीं भी है
अगला क़दम उठाने से पहले
सोचने पर मजबूर है

यह जीवन ऐसा ही मिला है
ऐसे रास्ते से भरा हुआ
जिन पर चलने से पहले
पाँवों के छालों को अनदेखा करना होता है

यह जीवन ऐसा ही है
जहाँ अपने वैभव को थामे नदी तो है, घाट नहीं
जहाँ आकाश को छिन्न-भिन्न करती
उड़ान तो है, सुस्ताने को वृक्षों की कतार नहीं

यह जीवन ऐसा ही है
अपनी सुन्दरता में बिखरा हुआ
जिस पर फैलती रहती है
मृत्यु की प्रशान्त मुस्कान
कामना में शरीर की सिहरन, मन की कँपकँपाहट
और पक्षियों का कलरव!

उनींदा मनुष्य

उनींदे मनुष्य के हिस्से
रात के अन्धकार में धड़कती विराटता आती है
खिड़की के बाहर झरता अपना ही प्रकाश
सोते हुए पशुओं की साँसों का संगीत

नक्षत्र आकाश में अठखेलियाँ करते हैं
झींगुर रुक-रुककर लम्बी ताने लेते हैं
चारों ओर डूबकर सोये हुओं के बीच
उसके मन में विचारों का मेला लग जाता है
गाँधी की दांडी यात्रा से लेकर
भतीजी की बहती नाक तक सभी कुछ
उसके सामने से गुज़रते हैं
मानो किसी गड्डमड्ड जुलूस में

उनींदे मनुष्य को सान्त्वना देने तब
कविता आती है सकुचाती हुई
अपने छन्द की मरहम उसकी
आँखों पर मलती है और उसे
नींद के किनारे तक हाथ पकड़कर
ले जाती है

उनींदे मनुष्य को यूँ चैन आता है और
वह अगली रात अचानक जाग जाने के लिए
कुछ देर तक उजाले में आँखों को

पलकों से ढाँक देता है मानो किसी
प्रकाशित खिड़की पर मोटा परदा डाल रहा हो

अंकुरण

आकाशगंगा बूँद-बूँद शून्य में झरती जाती है
जिसका पारदर्शी प्याला चमकीले
नक्षत्रों से भरता चला जाता है

बहते पानी की तरंगों पर
ब्रह्माण्ड के विराट शोक के
चित्र बनते-बिगड़ते हैं

दु:ख सहने की कला में ही
जीवन का अन्तहीन अंकुरण होता है
जो हर प्राणी के मर्म में
आनन्द के बीज छिपा देता है

खुली आँखें

(रज्जन भैया की स्मृति में)

अपनी खुली आँखों से वह बाहर निकल गया

उसके जाते ही उसके जिये हुए ने
ऐसा सुन्दर रूप पा लिया जिसकी
छाया में बहुतों को राहत मिली

जीते जी यह जीवन बेढंगा ही रहा आता है
मरते ही आकार पा लेता है

उसकी निष्प्राण आँखों में आकाश
झाँककर क्या देख पाएगा?
कुछ बूँद वर्षा या कुछ फाहे हवा
या फैलता सिकुड़ता अवसाद संसार छोड़ने का
या फैलता सिकुड़ता आह्लाद संसार छोड़ने का

वह खुली आँखें छोड़कर चला गया
और संसार इस पर छाये
आकाश की तरह ही खाली होता जा रहा है

गाल पर रेंगता
दूर कहीं से
उसका देखना

बाज़बहादुर की कविताएँ

[रानी रूपमती और बाज़बहादुर की प्रणयगाथा लोक में प्रसिद्ध है। रूपमती गायन और लेखन में प्रवीण थीं। बाज़बहादुर तालवाद्य वादन में निष्णात थे। उन्होंने कुछ लिखा हो, ऐसा ज्ञात नहीं है। ये कविताएँ बाज़बहादुर की वे कविताएँ हैं जो वे लिख सकते थे।]

हर चन्द मैंने शौक़ को पिन्हा किया वले,
एक आध हर्फ़ प्यार का मुँह से निकल गया।
मीर

एक

उसकी आवाज़ की गहराई में
धड़कते मौन के स्पन्दन
सुन रहा हूँ
मैं सुन रहा हूँ वह
क्या बोलते हुए
क्या नहीं बोल रही!

दो

मुझे नहीं उतरना
उसकी आवाज़ की कन्दरा में
मुझे नहीं आता
कैसे मौन की लपटों में
झुलसने से बचा जाता है

मुझे नहीं आता
मुझे नहीं उतरना

तीन

उसकी आवाज़ की गहराई में
सिहरते संकोच को
छू रहा हूँ
मैं सुन रहा हूँ वह
क्या बोलते हुए
क्या नहीं बोल रही!

चार

कहाँ बनाऊँ तोरण-द्वार
उसके आने को
यह ज़िन्दगी इतनी जगहों से
टूट चुकी है, इतनी जगहों से
खुल गयी है कि खिड़कियों तक के लिए
जगह बाक़ी नहीं

कहाँ बनाऊँ तोरण-द्वार
उसके आने के लिए?

पाँच

उसकी आवाज़ की गहराई में
फड़फड़ाते पंख बार-बार मेरी
पीठ को घायल कर रहे हैं
ओह! वे पंख जो उड़ नहीं पाये
कैसे नश्तरों में बदल गये हैं
कैसे लहूलुहान होती जा रही है
उसकी यह काँपती-सी आवाज़
काग़ज़ पर लिखी!

छह

उसकी आवाज़ में स्तनों की खनक थी
त्वचा की सिहरन थी
उसकी आवाज़ में रह-रहकर
काँपते थे होंठ, कुण्डली मारकर
बैठी थी संकोच-दीप्त चाल

मैं उसकी आवाज़ में प्रवेश पाना चाहता था।
मैं उसकी आवाज़ में उसे खो देना चाहता था।

सात

लिखे हुए शब्दों के पीछे से उसे
मेरी फुसफुसाहट सुनाई देती है
अपने बोलने में
अचानक उसे महसूस होने लगते हैं
मेरी आवाज़ के रेशे
वह चौंक कर मुड़ती है
चारों ओर फैली हरियाली पर
बारिश की बूँदें गिर रही हैं

टप-टप टप-टप
टप-टप टप-टप

आठ

अँधेरे में चमकते उसके चेहरे से
लगभग पारदर्शी मुस्कान झर रही है
मेरी नज़र उस तक पहुँचने के पहले
कहीं और उलझ जा रही है
वह अपने एकान्त में ठिठकी खड़ी है
उसके स्तनों पर कामना के स्पन्दन फैलते हैं
पृथ्वी पर उगे वृक्षों पर जैसे
हवा के झौंके!

नौ

उसके लौटने से
सूनी हुई गली में फैले
मेरे आँसुओं की ओस में
हज़ारों चन्द्रमा चमकते हैं
अनगिन टिमटिमाते हैं तारे
जलते बुझते हैं
जुगनू सारे के सारे

दस

फिर उसकी आवाज़
फैली काग़ज़ पर
आँसुओं की लकीरों-सी

फिर उसकी आवाज़ के
दाने-दाने में
कँपकँपाई कामना
ओस-बूँदों में आकाश-सी

फिर उसकी आवाज़ के बीच
लहराया संकोच
साँझ की हवा-सा

कभी दीखता, कभी लोप होता
आँखों में झिलमिलाती
चाँद रात-सा

ग्यारह

उसने कामना के चिकने फर्श पर
सँभल-सँभल कर रखे हैं पाँव

यह उपाय उसे फिसलने से
ज़रूर बचा लेगा पर
गीले फर्श पर उसके पाँवों के
निशानों को आने से कौन रोक सकेगा

गुनगुनाने से, कौन रोक सकेगा
उसका हाल बताने से?

बारह

आज फिर उसने
मेरा देखना नहीं देखा

आज फिर उसने
मुझे देखने नहीं दिया
अपना देखना जहाँ
दूधिया चाँदनी में नहाते वृक्ष से
उतरकर उसका बचपन
उसे अलविदा कह रहा है
जहाँ शीतल सरोवर उसके
उजले स्तनों को
पानी के दुपट्टे से ढँक रहा है

आज फिर उसने...

तेरह

उसकी लिखी हुई
आवाज़ पर
उसकी पलकें
झुक आयी हैं

मानो घूँघट के पीछे
छिप गया हो
सारा का सारा गाँव।

चौदह

रेवा न सही
मेरे स्पर्श की नीरव नदी में
नहाकर वह क़िले की सीढ़ियाँ चढ़ती है
उसके पाँव की हर थाप के साथ
उसके आँचल से सरक कर
धरती पर मेरा स्पर्श टपकता है

कहीं दूर घोड़ों की टापों में
उलझी मेरी नियति में
रह-रहकर टीस उठती है

पन्द्रह

लकीरें छूट गयी हैं
मेरे हाथों की
उसके काँपते वक्ष पर

जाने-अनजाने
बदल ली है अपनी भूमि
मेरे अनागत के मानचित्र ने

हाथों में सँभाले इस थरथराते शून्य को
मैं गुज़र रहा हूँ
चक्रव्यूहों के पार
उसकी प्रतीक्षा में!

सोलह

कामना के नुकीले पंजे रह-रहकर
नोंच लेते हैं मेरे सीने का गोश्त
हवा में घुली उसकी मुस्कान
पैनी चोंच-सी
मेरी आँखों को ज़ख़्मी कर रही है
बाज़ की तरह मुझे उठाकर
यहाँ-वहाँ पटक देती है उसकी अनुपस्थिति

इस रणभूमि में मुझे मारने
भाला कोई क्यों उठाये?
तलवार की ज़रूरत किसे है?

सत्रह

एक नया दुख पुराने सारे दुःखों को
अपने पास खींचता है

एक विछोह सारे विछोहों को
जीवन्त कर देता है एक बार फिर

दिल पर लगे घाव मानो
चादर ओढ़े पड़े रहते हैं
ज़रा-सी आहट हुई नहीं कि
उठकर बैठ जाते हैं सारे के सारे

डरो, मेरे मन, डरो।

अठारह

पास आती जा रही हैं
घोड़ों की टापें
वृक्षों की ओट में अचानक
चमक उठती है किसी तलवार की धार
कोई दोगला दुश्मन को बता चुका है
मेरे छिपने का यह स्थान

पर मैं जानता हूँ
मुझे पूरी तरह खत्म
नहीं किया जा सकेगा कभी
मेरे कण-कण में बसा है
उसका लावण्य!

उन्नीस

पता नहीं मैं क्यों आया
बन्द दरवाज़ा खटखटाया
मुझे सचमुच पता नहीं था कि
मैं इतना सूनापन ले आऊँगा
उसके जीवन में

बीस

उसके हाथ की मेहँदी में
समूचा बाग़ लहलहा रहा है
आम के बौरों की महक फैली है, कोयलें
गा रही हैं, रंगबिरंगी चिड़ियाँ
फूलों पर मँडरा रही हैं

वहीं शहद तैयार हो रहा है, मुझ दूर बैठे का
सूनापन हर ओर फैल रहा है

उसके हाथ की मेहँदी में!

इक्कीस

पोथी में उलझकर रणभूमि तक चला आया
उसका यह बाल
आख़िर सीधा खड़ा क्यों नहीं हो जाता
बंगाल की जादुई रस्सी-सा कि मैं
उस पर चढ़कर देख सकता
कि वह महल की छत पर कहाँ
वीणा पर सिर धरे बैठी है
कि वह अन्त:पुर के किस कोने में पड़ी
अपने चेहरे के उतार-चढ़ाव पर
आँसुओं को बहने दे रही है

मेरे न चाहते भी
यह दूसरी रेवा
कैसे तुम्हारे क़रीब चली आयी, रूपमती!

बाईस

भरता नहीं कोई भी घाव
शरीर में ही कहीं
छिप जाता है

नया घाव आया नहीं कि
वह जहाँ भी छिपा होता है
वहीं टीसने लगता है

तेईस

उसके पोर-पोर पर
कामना का कमल
उगा है

ओस बूँद अब गिरी
कि तब गिरी

देखो!
शान्त सरोवर में
आकाश झुका
चला आ रहा है।

चौबीस

कैसा आनन्द है
इन रक्तरंजित तलवारों की छाया में भी
प्रियतमा है
उस की याद है

चोटी से खेलती
रह-रहकर काँपती
उसकी अँगुलियाँ हैं
दूर कहीं
यहीं कहीं!

पच्चीस

कैसा आनन्द है
मैं कूद सकता हूँ
अश्व से भूमि पर

कैसा आनन्द है
मैं देख सकता हूँ
अन्त के क्षणों में
उलझा
उसका चेहरा

कैसा आनन्द है
रणघोषों के बीच
मैं सुन सकता हूँ
उसके रियाज़ के टुकड़े

सर्दियों की सुबह
मोड़ पर अचानक
धूप में भीगता पेड़

हिदायत कविताएँ

प्रोटीन

कायदे से इन दिनों मुझे
ढेर-सा प्रोटीन खाना है
दूध दही दाल पनीर से
पेट भरने का प्रयास करना है

कायदे से इन दिनों मुझे
बहुत कम शक्कर खाना है
मिठाइयों से साफ़ बच निकलना है

पर प्रोटीन खाते ही मेरी आँतें
काम करना कम कर देती हैं
और रेलवे-टिकट की खिड़की के आगे लगी
बेहद लम्बी पंक्ति की तरह
खाना बहुत धीरे-धीरे आगे सरकता है
शकर कम खाने से मेरे मन में
मिठास की चाह बनी रहती है जैसे
बीच समुद्र में मीठे पानी की

तब भी मुझे ढेर-सा प्रोटीन और
बहुत कम शकर खाना है भले
सारा दिन अपना पेट
अजीब तरह से भारी और उतनी ही
अजीब तरह से ठहरा हुआ लगे
भले ही मुझे रात में
गन्ने के खेतों के सपने आते रहें!

चार लीटर पानी

हर रोज़ मुझे चार से अधिक
लीटर पानी पीना है
यह बहुत अधिक है
और क्योंकि शल्य-चिकित्सा के बाद
आँतें थोड़ी आराम से ही चलती हैं,
यह चार लीटर पानी आँतों में
कुछ अधिक देर तक ठहरा रहता है
मैं उसकी तरंगों की कल्पना करता हूँ
और प्रतीक्षा करता हूँ कि
वह भीतर कहीं सोख लिया जाए
पर पानी को मेरी आँतों में
देर तक बने रहना पसन्द है,
मैं भारी पेट लिये कमरे में टहलता रहता हूँ

रात ऐसे बीतती है
मानो उसे कोई चढ़ाई चढ़नी पड़ रही हो!

बिस्तर

मेरे बिस्तर की चादर को रोज़
बदला जाता है
इस तरह पिछली रात की
मेरी सारी अनिद्रा और उद्विग्नता को
हर सुबह धोने ले जाया जाता है

हर सुबह बिस्तर पर नयी धुली
चादर होती है कि मैं अगली
सुबह तक उसे अनिद्रा और
उद्विग्नता से भर सकूँ!

हंसा

किसी भी आगन्तुक से या तो
मिलना नहीं है या फिर
इतनी दूर बैठकर बात करनी है कि
साँसों से साँसें मिल न जाएँ
हर परायी साँस मेरे लिए
जोखिम लेकर आ सकती है

मित्र आते हैं और दूर बैठकर बतियाते हैं
मैं ध्यान रखे रहता हूँ कि
उनकी साँसें मेरे कमरे की
देहरी पर ही ठिठक जाएँ

पर कहीं ऐसा भी होता है?
साँसें कहीं देहरी पर ठिठकती हैं
कबीर साँसों को 'हंसा' कहते थे
अदृश्य 'हंसा' किस काँधे पर
आ बैठे, क्या ठिकाना है!

ग़ुसलख़ाना

मेरा ग़ुसलख़ाना रोज़ साफ़ होना चाहिए
यह आवश्यक है
वरना मुझे रोग होने का ख़तरा है क्योंकि
मेरी प्रतिरोधक क्षमता बहुत कम कर दी गयी है

मैं हर सुबह जब ग़ुसलख़ाने में जाता हूँ
वह मुझे अधिक नहाया हुआ लगता है
उसके साफ़ चिकने फर्श पर
झलकता मेरा चेहरा
मुझे देख हँसता है मानो उसे
मेरे साथ रहने से अधिक आनन्द
साफ़-सुथरे ग़ुसलख़ाने में
रहने में आता हो!

मुखौटा

मैं जब भी घर से बाहर जाऊँ
मुझे मुखौटा लगाना होता है
इस तरह मैं धूल के जीवाणुओं से बच जाता हूँ
मेरे चश्मे पर भाप जम जाती है और
क्षणभर को सारा संसार
धुँधला हो उठता है
मानो उसके पोर-पोर में
धूल भर गयी हो!

आह्वान

मुझे किसी भी तरह के संक्रामक रोग से बचना है
पर वह हर ओर लोगों में फैला है
इसलिए मुझे हर ओर फैले लोगों से बचना है
पर लोगों के बिना मेरी देख-रेख करने वाला कोई न होगा

और मेरी देख-भाल तो होनी है
इसलिए मुझे कुछ लोगों से बचना है
और कुछ के साथ रहना है
मुझे जिनके साथ रहना है उनका
स्वच्छ होना आवश्यक है
पर इसके लिए उनकी ऐसी आदत होनी चाहिए
आख़िर स्वच्छ रहना मजबूरी में नहीं होता
और होता भी हो तो मैं किसी को
मजबूर नहीं करना चाहता
पर जो मजबूर नहीं होता और
जिसकी आदत भी न हो
वह स्वच्छ कैसे रहेगा?

इस पूरे गणित से यह स्पष्ट है कि
अगर आपको भाग्य से ऐसे परिजन
उपलब्ध न हों जो आदतन स्वच्छ रहते हों,
आपके पास एक ही रास्ता बचता है :
आप अपनी देख-रेख के लिए
देवताओं का आह्वान करें क्योंकि

देवता स्वच्छता का ही दूसरा नाम हैं
या कम-से-कम ऐसा मानने में कोई हर्ज़ नहीं है!

शराब

घर के बाहर की कोई भी वस्तु को
पहले ऐसे गीले काग़ज़ से पौंछना होता है
जो संक्रामक जीवाणुओं को मारने की दवा में भीगा हो
केवल तब वे मेरे कमरे में लायी जा पाती हैं
इसलिए जो भी चीज़ मेरे कमरे में आती है
वह कोई लिफ़ाफ़ा ही क्यों न हो
कुछ हल्की-सी गीली होती है
केवल हल्की-सी और उससे स्पिरिट की
गन्ध आ रही होती है
मानो वह चीज़ शराब पीकर मेरे कमरे में
झूमती हुई आयी हो

मैं अब ख़ुद शराब पीता नहीं
पर समय-समय पर शराबी चीज़ों का
अपने ऐकान्तिक कमरे में स्वागत करता हूँ
मानो मैं अपने ही अतीत को याद कर रहा होऊँ
अपने उस अतीत का
जब मुझे शराब से परहेज़ नहीं था
बल्कि जब शराब को मुझसे परहेज़ नहीं था

युद्ध

मुझे रह-रहकर लगता है कि
मेरे ही हाथों पर कुछ जीवाणु चुपचाप बैठे हैं
जो अवसर पाकर मेरे भीतर घुसकर
उत्पाद मचाएँगे और मैं
प्रतिरोधक क्षमता का मारा
कुछ नहीं कर पाऊँगा
ऐसे में मुझे अपने ही हाथों पर विराजे
अदृश्य जीवाणुओं के विरूद्ध
जंग छेड़ते रहना होता है जिसका
अर्थ यह होता है कि
मैं अपने उन हाथों को
लगातार साबुन से धोता रहूँ
यह प्रक्रिया निश्चय ही अवसरवादी
जीवाणुओं को मार गिराती होगी पर
इससे मेरे हाथों की चमड़ी भी आहत
तो होती ही है
उसे मैं युद्ध में जीत के साथ आयी
अपरिहार्य-क्षति मान कर सह लेता हूँ!
इसके अलावा उपाय भी क्या है?

धुले हुए कपड़े

मुझे स्नान के बाद
हर दिन धुले हुए कपड़े पहनने होते हैं

ये कपड़े डिटॉल में धुले होते हैं
सो इनसे डिटॉल की भीनी-भीनी
दुर्गन्ध आती रहती है
पर अब यह मेरे कपड़ों का अलंकार है

मम्मट कहता है कि अलंकार
सुन्दर स्त्री को और ज़्यादा सुन्दर बना देता है
असुन्दर को और ज़्यादा असुन्दर

इस न्याय से मेरे कपड़ों का
सौन्दर्य बढ़ ही रहा होगा
इस तरह मैं सुन्दर कपड़े पहिने
अपनी बीमारी से बाहर आने के
दिनों को सुखपूर्वक गुज़ार रहा हूँ!

दो दवाएँ

मेरी ढेरों दवाओं में कम-से-कम
दो ऐसी हैं जिन्हें मुझे बिल्कुल
नियम से ठीक समय पर खा लेना है
इसमें कोई चूक हुई नहीं कि
सारा किया धरा मुश्किल में पड़ जाएगा

मैं पूरे-पूरे दिन उन दो दवाओं के
खाने के समय को दिमाग़ में लिए
बाक़ी काम करता हूँ
जैसे अभी यह कविता लिखना
या किसी मित्र को फ़ोन करना या
कोई किताब पढ़ना या दोपहर को
कद्दू की सब्ज़ी खाना।

ये दोनों हर समय मुझे बार-बार याद दिलाती रहती हैं
कि बच्चू, अगर तुम हमें भूले, हम
तुम्हें धर दबोचेंगे
मैं पलट कर जवाब देने की सोचूँ भी तो कैसे
समय के सामने कौन
प्रश्न उठा सकता है!

चाय की दुकान

'खाना सिर्फ़ घर का और गर्म खाना, रखा हुआ
खाना खाने से बचना, होटलों का खाना तो बिल्कुल भी नहीं
खाना वरना संक्रामक रोग होने का ख़तरा है।'
चिकित्सक ने अस्पताल से मुझे विदा करते समय कहा था
मैंने यह बात गाँठ बाँध ली थी
पर कई बार यह गाँठ ख़ुद मेरी
आँखों के सामने खुल जाती है
विशेषकर तब जब मैं किसी
बेहतर चाय की दुकान के सामने से गुज़रता हूँ
जहाँ कुछ लोग बैठे गप्प कर रहे होते हैं

मैं सालों-साल ऐसे ही जिया हूँ
चाय की दुकानों पर गप्प करते हुए

यहीं बैठकर मैंने पश्चिमी सभ्यता के
गुण-दोष समझे और यहीं बैठकर
अपनी सभ्यता में किसी हद तक झाँक पाया
यहीं मेरी मुलाक़ात न जाने कितनी कविताओं से हुई
जो दुनिया के कोने-कोने में लिखी गयी थीं और
सुन्दर पुस्तकों में सजी हुई
मेरे पास तक आयी थीं

यहीं मेरी भेंट अन्ना केरेनीना से हुई थी
यहीं कबीर, सूर, मीरा और टैगोर से

अब जब मैं इन दुकानों को
देखता हुआ गुज़रता हूँ
कबीर, सूर, मीरा, टैगोर
और अन्ना केरेनीना, रोस्कोलनिकोव आदि
मुझे कुर्सियों पर बैठे
चाय की चुस्कियाँ लेते दीखते हैं

मैं सोचता हूँ, मेरी हालत में 'क्या यही कुछ कम है कि
मैं इतने सारे आत्मीयों से सरे राह मिल लेता हूँ!'

बोतलबन्द पानी

यह जानते हुए भी कि बोतलबन्द पानी
हमेशा सुरक्षित नहीं होता
मुझे वही पीना है
चिकित्सक का कहा मैं कैसे टाल सकता हूँ

बोतलबन्द पानी सुरक्षित हो या असुरक्षित
मुझे तो बिना कुछ सोचे वही पीना है
मेरी बहन ध्यान रखकर
मुझे वही पानी पीने देती है
यह पानी स्वयं उसके अपने दावे के अनुसार
सीधे हिमालय से आया हुआ है

मेरे मन में वह हिमालय जो
शिव की हँसी था अब
बोतलबन्द पानी का
अजस्त्र स्रोत बन गया है

इससे कितने सौन्दर्य की हानि हुई है
यह अनुमान लगाने तक से डर लगता है!

हिदायत से परे

उसने पूछा :
'क्या आप ईश्वर को मानते हैं?'
मैं फट् से 'हाँ' कहने वाला था
पर मुझे लगा कि कोरा 'हाँ' सही होते
हुए भी ग़लत जवाब होगा
मैं कुछ ठिठका फिर बोला :
'मुझे लगता है ईश्वर हमारी
तुम्हारी तरह व्यक्ति नहीं है
वह सारे अस्तित्व में
महीन धागे की तरह बुना
संवेदन है जो हमेशा शायद
हमें घेरे रहता है,
इसी महीन धागे के विपुल आकाश में
पुरखों के संवेदन भी हैं
हममें से कुछ भाग्यवान
उस संवेदन को अनुभव कर पाते हैं
अधिकतर के लिए
वंह केवल शब्द है
वह मानने का नहीं
निरन्तर खोज का विषय है
और खोज भी कहाँ?
अपने चारों ओर
न कि किन्हीं वनों, पर्वतों में...'
मैंने जब ख़ुद को यह सब बोलते सुना

चौंककर चुप हो गया
बोलने से पहले मैंने
इतना सब सोचा नहीं था!

पार्क

'आप चाहें तो बहुत सुबह पार्क में
घूमने जा सकते हैं, इतना ध्यान
रखें कि आप किसी व्यक्ति के
बहुत निकट से न गुज़रें, दूर से
गुज़रने पर कोई हर्ज़ नहीं, उसकी साँसों को
पार्क की बहती हवा उड़ा ले जाएगी!'
शल्य चिकित्सक ने कहा।
मुझे बहुत प्रसन्नता हुई कि
अलस्सुबह ही सही मैं
घर से बाहर तो जा सकूँगा
यह ठीक है कि मैं वहाँ किसी के
बहुत पास से नहीं गुज़रूँगा,
किसी और की साँस को
अपने फेफड़ों तक आने नहीं दूँगा
पर चिड़ियों की आवाज़ें तो सुन सकूँगा,
अमलतास के पीले झरते फूलों पर
फिसलते प्रकाश को देख सकूँगा,
सूर्योदय के ठीक पहले के आकाश की
हल्की लालिमा का सुख पा सकूँगा।
यह कितनी बड़ी सान्त्वना है
मुझे इन सबको देखने या न देखने सम्बन्धी
कोई हिदायत नहीं है
पार्क में कुछ देर बिना हिदायत
टहल सकूँगा।

पर वहाँ भी कभी-कभी
मुखौटा लगाना ही पड़ेगा पर
यह कोई इतनी गम्भीर हिदायत नहीं है
याकि नहीं रह गयी है!

आँकड़े

मेरे शरीर का तापमान और वज़न
प्रतिदिन नियम से लिया जाना है
यह हिसाब भी रखा जाना है
मैंने कितना पानी पिया है
कितना पेशाब में बहाया है
रक्त में मेरे शर्करा की मात्रा कितनी है
और रक्तचाप कहाँ ठहरा हुआ है...

इन सभी आँकड़ों से यह पता चलता रहेगा
मैं स्वास्थ्य की किस सीढ़ी पर खड़ा हूँ

मुझे बच-बचकर चलना है कि
कहीं इन आँकड़ों पर पाँव न पड़ जाए
हर आँकड़े पर ढेरों पैनें काँटे उगे हैं
मुझे बच-बचाकर वैसे ही चलते रहना है
जैसे आकाश के असीम विस्तार में विचरते
पुरखे नुकीले नक्षत्रों से बचकर चलते रहते हैं...

पक्षियों से लदा
आम का पेड़
खाली मकान के पिछवाड़े

स्वीकार

आवाज़

अपने मुँह से निकलती
आवाज़ सुन-सुनकर उकता गया हूँ।
मेरी आवाज़ इसके भीतर कहीं छिपी हुई है
मैं मुँह खोलता हूँ
और ढेर सारी आवाज़
रेत की तरह भरभराकर
मेरे चारों ओर फैल जाती है
मेरी आवाज़ का कण
इसमें ही कहीं खोया है

मेरी आवाज़ का वह कण
मुझे ढूँढ़े नहीं मिल रहा
और मैं अपने मुँह से निकलती
आवाज़ को सुनसुन कर उकता रहा हूँ।